Inhaltsverzeichnis

BVK LW 14 · Eva-Maria Schmidt / Diane Klant: Lernwerkstatt „Märchen der Gebrüder Grimm"

Vorbemerkungen

Liebe Kollegin, Lieber Kollege,

Lernwerkstätten gewinnen als relativ neue Form des offenen Unterrichts zunehmend an Bedeutung. Das vorliegende Heft soll Ihnen eine Hilfe sein, das Thema „Märchen" in Ihrem Unterricht als Lernwerkstatt mit einem fächerübergreifenden Lernangebot umzusetzen. Die Aufgabenstellungen sind so formuliert, dass die Kinder selbstständig arbeiten können. Die Reihenfolge der Arbeitsangebote ist beliebig. Die Sozialform kann von den Kindern selbst bestimmt werden; wenn nichts anderes angegeben ist, können die Kinder eine Aufgabe alleine bearbeiten oder mit einem oder mehreren Mitschülern gemeinsam. Wichtig ist, dass jedes Kind sein individuelles Arbeitstempo bestimmen kann. So bietet diese Unterrichtskonzeption den Kindern Freiräume und Chancen zum selbstständigen, eigenverantwortlichen Lernen.

Das „Chefprinzip" im Werkstattunterricht:

Für jeden Werkbereich ist ein Schüler als „Chef" verantwortlich. Er ist Berater für seine Mitschüler bei der Durchführung des Werkbereiches, bei Fragen und Problemen. Der Chef sichtet die fertiggestellten Arbeiten und quittiert sie auf dem Werkstattpass seiner Mitschüler. Um die Kinder in ihren Chefrollen nicht zu überlasten, liegen Selbstkontrollblätter aus (siehe Tipps zur Organisation).
Wenn die Anzahl der Werkbereiche mit denen der Kinder nicht übereinstimmt, können auch mehrere Kinder für einen Bereich als Chef eingesetzt werden bzw. einigen Kindern zwei Bereiche übertragen werden.

Einsatzmöglichkeiten der Märchen-Werkstatt:

Die vorliegende Lernwerkstatt ist für einen Zeitraum von ca. 4 Wochen bei einer täglichen Unterrichtszeit von 1 Stunde ausgelegt. Maßgeblich für den Zeitraum sind jedoch die individuellen Voraussetzungen der Lerngruppe, insbesondere die Lesefertigkeiten. Die Lernwerkstatt ist konzipiert für den Einsatz ab dem 2. Schuljahr.

Wir wünschen Ihnen bei der Durchführung dieser Werkstatt viel Spaß und Erfolg.
Eva-Maria Schmidt
und Diane Klant

BVK LW 14 · Eva-Maria Schmidt / Diane Klant: Lernwerkstatt „Märchen der Gebrüder Grimm"

Tipps zur Organisation der Lernwerkstatt

Anordnung der Materialien
Alle Materialien sollen für die Kinder gut zugänglich auf Regalen, Tischen oder Fensterbänken aufgebaut werden. Es empfiehlt sich, ein Ablagefach für jeden Werkbereich einzurichten. Dieses Fach wird mit der Nummer des Werkbereiches und dem Namen des „Chefs" versehen. In jedem Ablagefach befinden sich alle Materialien, die zur Bearbeitung des Werkbereiches nötig sind (Arbeitsblätter, Kontrollblätter, Bastelmaterialien u. Ä.). Die Aufgabenkarten liegen ebenfalls im Fach oder werden über dem jeweiligen Fach an die Wand, Wandtafel oder ans Fenster geheftet.

Verteilung der „Chefämter"
Bei der Zuordnung der Chefämter zu den Werkbereichen muss grundsätzlich überlegt werden, in wieweit die individuellen Interessen der Kinder mit ihren Leistungs-, Berater- und Kontrollfähigkeiten zu vereinbaren sind. Die Idee der Lernwerkstatt ist es, sowohl Kinder anzusprechen, die bereits relativ sicher und selbstständig arbeiten können als auch solche, die immer wieder Hilfen anfordern werden. Es ist wünschenswert, dass der jeweilige „Chef" diesen Anforderungen seiner Mitschüler weitestgehend gewachsen ist. Die Lehrkraft kann nun die Zuteilung unter Berücksichtigung der Leistungsfähigkeit der Schüler vornehmen; nach einer ersten Begegnung mit der Werkstatt können wir die Entscheidung für die Verantwortung über einen Werkbereich aber auch den Kindern überlassen.

Die Stopp-Schilder
Jeder Chef muss zeitweise auch ungestört arbeiten können! Wendet ein Kind sich nun einer Arbeit zu, die es konzentriert und in Ruhe bearbeiten möchte, kann es ein Stopp-Schild auf seinen Platz stellen. Dieses Schild bedeutet für alle anderen, dass das Kind in seiner Chef-Eigenschaft gerade nicht angesprochen werden möchte. Stopp-Schilder können Sie z. B. als Klappkarten aus Fotokarton herstellen und das Motiv des Verkehrszeichens aufkleben.

Der Werkstattpass
Jeder Schüler bekommt einen Werkstattpass. Der Pass bietet dem Schüler einen Überblick über das komplette Werkstattangebot, die bereits bearbeiteten und noch offenen Werkbereiche. Nach Erledigung eines Werkbereichs wendet sich das Kind an den zuständigen „Chef", der die Arbeit überprüft und auf dem Pass unterschreibt.

Die Arbeitsblätter
Die Kinder sind stolz auf ihre fertigen Arbeiten. Eine entsprechende Würdigung findet das Material, wenn jeder Schüler z. B. einen Schnellhefter für diese Arbeitsblätter anlegt. Eine andere Möglichkeit besteht darin, dass jedes Kind seine Blätter zunächst in einer Mappe sammelt und zum Abschluss der Werkstatt nach Werkbereichen ordnet und zu einem Buch („Mein Märchen-Buch") bindet.

BVK LW 14 · Eva-Maria Schmidt / Diane Klant: Lernwerkstatt „Märchen der Gebrüder Grimm"

Vorschläge für einige Verhaltensregeln

- Jede Arbeit wird erst zu Ende geführt, bevor eine neue begonnen wird.
- Die Kinder entscheiden, ob eine Arbeit alleine, zu zweit oder in einer Gruppe bearbeitet wird.
- Alle Materialien aus den Ablagefächern werden wieder zurückgebracht.
- Der „Chef" soll beraten, d. h. Hinweise zur Weiterarbeit und Hilfestellungen geben, aber nicht alle Lösungen vorgeben.

Tipps zur Einführung der Märchen-Werkstatt

Zunächst können die Kinder in einem Gespräch Vorerfahrungen, Erwartungen an das Thema, Fragen, Wünsche usw. austauschen.
Sie können auch eine Kiste gestalten / basteln, in der die Kinder Gegenstände zum Thema „Märchen" sammeln. Jedes mitgebrachte Utensil wird zunächst gezeigt, so dass die Klasse erraten kann, welchen Bezug es zu Märchen hat und welchem Märchen es zuzuordnen ist. Sie können sich so einen Überblick verschaffen über das Vorwissen der Kinder.
Zu einer ersten Begegnung mit der Werkstatt gehen die Kinder dann im Klassenraum herum, sehen sich alle Angebote an, kommen vielleicht miteinander ins Gespräch und machen sich auf Angebote gegenseitig aufmerksam.
Nach der Verteilung der „Chefämter" muss sich jeder Chef zunächst in seine Aufgabe einarbeiten. Der Lehrer hat hier die Aufgabe, alle Chefs in ihren Aufgaben zu beraten und diese mit ihnen gründlich zu besprechen, damit die „Chefs" ihrerseits kompetente Hilfestellungen an ihre Mitschüler weitergeben können.

Selbstkontrollmöglichkeiten

Es ist sinnvoll den Kindern zu jedem Werkbereich Kontrollblätter anzubieten. Diese Kontrollblätter liegen mit im Ablagefach des jeweiligen Werkbereichs. Die Kontrollblätter können laminiert oder durch eine Klarsichthülle geschützt werden.

Die Leseecke(n)

Für die Arbeit in der Lernwerkstatt ist es empfehlenswert, einen Leseplatz einzurichten, an den die Kinder sich zurückziehen können. Da gerade in der vorliegenden Märchen-Werkstatt das Lesen und Verstehen längerer Texte Aufgabe einiger Werkbereiche ist, ist es sinnvoll, diesen Platz als Ruhezone zu erklären und evtl. vom Klassenraum etwas abzuteilen (z. B. durch ein Regal o. Ä.).
Wünschenswert wäre noch eine weitere Ecke, in der die Kinder sich gegenseitig Texte vorlesen können ohne ihre Mitschüler zu stören.
Auf einem Büchertisch in diesen Leseecken können Bücher zum Thema zum Lesen und Kennenlernen weiterer Märchen anregen. Die Kinder können auch eigene Märchenbücher mitbringen.
In der Leseecke können auch Märchenkassetten angeboten werden, die mit einem Walkman gehört werden können. Zu beachten ist, dass die Spieldauer vieler Kassetten recht lang ist!

BVK LW 14 · Eva-Maria Schmidt / Diane Klant: Lernwerkstatt „Märchen der Gebrüder Grimm"

Hinweise zu den Werkbereichen

Für mehrere Werkbereiche
werden freie Blätter bzw. Linienblätter erforderlich. Beides kann in einem separaten Ablagefach bereitliegen, damit die Werkbereichsfächer nicht so überfüllt werden.

Zu Werkbereich 8:
Dieser Werkbereich bezieht sich inhaltlich auf das Märchen „Schneewittchen".
Dieses Märchen sollte vorgelesen werden, da es wegen seiner Länge den Kindern nicht als Werkbereich angeboten wird.

Zu Werkbereich 12:
Zu diesem Werkbereich kann den Kindern kein Kontrollblatt angeboten werden. Zur Grundwortschatzsicherung können die Texte überarbeitet werden. Es können „Vorlesezeiten" (evtl. zum Ende einer Werkstattstunde) vorgesehen werden, in denen die Kinder ihre Geschichten einander (im Kreis) vorlesen.
Die Geschichten können auch in der Leseecke ausgelegt oder in Form einer Wandausstellung präsentiert werden.

Zu Werkbereich 19:
Einige Kopien des Textes werden in Augenhöhe der Kinder an verschiedenen Stellen im Klassenraum angeheftet.

Zu Werkbereich 20:
Für diesen Werkbereich kann den Kindern (wenn vorhanden) ein Kasperle-Theater angeboten werden. Ansonsten kann man leicht improvisieren, indem man zwischen zwei Regale, Stühle o. Ä. einen Besenstiel mit einem Tuchüberwurf hängt.
Viele Kinder haben zu Hause Kasperle-Puppen, die mitgebracht werden können und während der Werkstatt-Arbeit in einer Kiste allen zur Verfügung gestellt werden. Es können natürlich auch eigene Puppen hergestellt werden (Hand- oder Stabpuppen)!
Zu diesem Werkbereich wird kein Arbeitsblatt angeboten, es braucht also auch kein Werkbereichfach eingerichtet zu werden. Die Auftragskarte kann z. B. über der Puppenkiste hängen.

Werkstattpass von:

____

1	Märchenwörterbuch basteln	
2	Das Märchen „Dornröschen" lesen	
3	Kennst du Dornröschen?	
4	Dornröschen in Bildern	
5	Das Märchen „Der Wolf und die sieben Geißlein" lesen	
6	Malen und beschreiben	
7	Märchen-Kreuzworträtsel	
8	Im Land der Zwerge	
9	Einladungskarte schreiben	
10	Das Märchen „Rotkäppchen" lesen	
11	Märchen-Silbenrätsel zu Rotkäppchen	
12	Das Märchen von Rotkäppchen einmal anders	
13	Das Märchen „Die Bremer Stadtmusikanten" lesen	
14	Findest du die Märchenwörter?	
15	Kannst du reimen?	
16	Der Esel ist wütend	
17	Das Märchen „Rumpelstilzchen" lesen	
18	Kennst du Rumpelstilzchen?	
19	Schleichdiktat	
20	Märchen spielen	
21	Rechnen im Märchenwald	
22	Märchen-ABC	
23	Märchen-Adressen	
24	Wer spricht denn hier?	

BVK LW 14 · Eva-Maria Schmidt / Diane Klant: Lernwerkstatt „Märchen der Gebrüder Grimm"

Auftragskarte zu Werkbereich 1: Märchenwörterbuch basteln

Bastele dir ein Märchenwörterbuch!
Schneide alle 4 Seiten entlang der Linien sauber aus. Lege sie in der richtigen Reihenfolge aufeinander und hefte sie an der linken Seite zusammen.

Auftragskarte zu Werkbereich 2: Das Märchen „Dornröschen" lesen

Hier kannst du das Märchen „Dornröschen" lesen. Ihr könnt euch auch mit mehreren Kindern einen ruhigen Platz suchen (wo ihr andere nicht stört!) und euch den Text gegenseitig vorlesen.

BVK LW 14 · Eva-Maria Schmidt / Diane Klant: Lernwerkstatt „Märchen der Gebrüder Grimm"

Auftragskarte zu Werkbereich 3:
Kennst du „Dornröschen"?

Hier kannst du die fehlenden Wörter in den Text einsetzen. Benutze dazu dein Märchenwörterbuch.
Wenn du die richtigen Wörter in die Lücken eingesetzt hast, kannst du den Text auch abschreiben und ein schönes Bild dazu malen.

Auftragskarte zu Werkbereich 4:
„Dornröschen" in Bildern

Sieh dir die Bilder genau an. Du erkennst einige Szenen aus dem Märchen „Dornröschen". Spiele mit anderen Kindern eine oder mehrere Szenen nach. Schreibe dann zu jedem Bild einige Sätze auf. Die Wörter unter den Bildern kannst du als Hilfe nehmen, benutze auch dein Märchenwörterbuch.

BVK LW 14 · Eva-Maria Schmidt / Diane Klant: Lernwerkstatt „Märchen der Gebrüder Grimm"

Auftragskarte zu Werkbereich 5: Das Märchen „Der Wolf und die sieben Geißlein" lesen

Hier kannst du das Märchen „Der Wolf und die sieben Geißlein" lesen. Ihr könnt euch auch mit mehreren Kindern einen ruhigen Platz suchen (wo ihr andere nicht stört!) und euch den Text gegenseitig vorlesen.

Auftragskarte zu Werkbereich 6: Malen und beschreiben

Male, wo sich die Geißlein versteckt haben und beschreibe dein Bild in kurzen Sätzen.

BVK LW 14 · Eva-Maria Schmidt / Diane Klant: Lernwerkstatt „Märchen der Gebrüder Grimm"

Auftragskarte zu Werkbereich 7:
Märchen-Kreuzworträtsel

Löse das Märchen-Kreuzworträtsel.
Schreibe in jedes Kästchen nur einen Buchstaben.
Schreibe nur mit großen Druckbuchstaben.

Auftragskarte zu Werkbereich 8:
Im Land der Zwerge

Schreibe den Text ab und ersetze alle Bilder durch Wörter mit -chen oder -lein.
Hierzu gibt es einen Spruch, den du dir merken kannst:
„-chen und -lein machen alle Dinge klein".

BVK LW 14 · Eva-Maria Schmidt / Diane Klant: Lernwerkstatt „Märchen der Gebrüder Grimm"

Auftragskarte zu Werkbereich 9:
Einladungskarte schreiben

Der Königssohn will Dornröschen heiraten. Eine prächtige Hochzeit wird vorbereitet und viele Gäste werden eingeladen. Schreibe eine Einladungskarte für die Hochzeit.

Auftragskarte zu Werkbereich 10:
Das Märchen „Rotkäppchen" lesen

Hier kannst du das Märchen „Rotkäppchen" lesen.
Ihr könnt euch auch mit mehreren Kindern einen ruhigen Platz suchen (wo ihr andere nicht stört!) und euch den Text gegenseitig vorlesen.

BVK LW 14 · Eva-Maria Schmidt / Diane Klant: Lernwerkstatt „Märchen der Gebrüder Grimm"

Auftragskarte zu Werkbereich 11:
Märchen-Silbenrätsel zu „Rotkäppchen"

Löse das Märchen-Silbenrätsel!
Denke dabei an die Kontrolle!

Auftragskarte zu Werkbereich 12:
Das Märchen von „Rotkäppchen" einmal anders

Lies das Märchen von „Rotkäppchen" genau!
Schreibe nun deine eigene Geschichte von „Rotkäppchen"!
Nimm dir dafür ein liniertes Blatt! Die Ideen auf dem Arbeitsblatt helfen dir dabei!

BVK LW 14 · Eva-Maria Schmidt / Diane Klant: Lernwerkstatt „Märchen der Gebrüder Grimm"

Auftragskarte zu Werkbereich 13:
Das Märchen „Die Bremer Stadtmusikanten" lesen

Hier kannst du das Märchen „Die Bremer Stadtmusikanten" lesen. Ihr könnt euch auch mit mehreren Kindern einen ruhigen Platz suchen (wo ihr andere nicht stört!) und euch den Text gegenseitig vorlesen.

Auftragskarte zu Werkbereich 14:
Findest du die Märchenwörter?

In diesem Kasten sind fünf Wörter aus dem Märchen „Die Bremer Stadtmusikanten" versteckt. Markiere sie farbig! Male zu den gefundenen Wörtern Bilder in den Rahmen.

BVK LW 14 · Eva-Maria Schmidt / Diane Klant: Lernwerkstatt „Märchen der Gebrüder Grimm"

Auftragskarte zu Werkbereich 15:
Kannst du reimen?

Hier sollst du Reimwörter zu den „Bremer Stadtmusikanten" finden. Setze die Wörter in die Lücken ein! Die Wörter unten auf dem Arbeitsblatt helfen dir dabei.

Auftragskarte zu Werkbereich 16:
Der Esel ist wütend

Alle Wörter des Märchens „Die Bremer Stadtmusikanten" sind klein geschrieben. Schreibe den Text richtig auf ein Linienblatt! Du kannst auch dein Märchenwörterbuch zu Hilfe nehmen.

Auftragskarte zu Werkbereich 17: Das Märchen „Rumpelstilzchen" lesen

Hier kannst du das Märchen „Rumpelstilzchen" lesen. Ihr könnt euch auch mit mehreren Kindern einen ruhigen Platz suchen (wo ihr andere nicht stört!) und euch den Text gegenseitig vorlesen.

Auftragskarte zu Werkbereich 18: Kennst du „Rumpelstilzchen"?

Lies dir das Märchen „Rumpelstilzchen" genau durch! Hier sollst du die fehlenden Wörter in den Text einsetzen. Benutze dazu auch dein Märchenwörterbuch!

Auftragskarte zu Werkbereich 19: Schleichdiktat

Lies dir den Text zunächst ganz durch. Dann lies die Sätze abschnittweise, merk dir den Abschnitt, geh' leise an deinen Platz und schreibe diesen Abschnitt auf. Geh nun wieder leise zur Vorlage. Schreibe so den ganzen Text!
Hole dir anschließend das Kontrollblatt, vergleiche und verbessere deinen Text. Sei leise, damit du dich konzentrieren kannst und auch andere nicht störst!

Auftragskarte zu Werkbereich 20: Märchen spielen

Spielt mit mehreren Kindern mit den Puppen ein Märchen nach. Ihr könnt auch ein eigenes Märchen erfinden. Wenn ihr mit euren Vorbereitungen fertig seid, sprecht einen Vorstellungstermin ab und hängt ein Einladungsplakat für eure Vorstellung auf.

BVK LW 14 · Eva-Maria Schmidt / Diane Klant: Lernwerkstatt „Märchen der Gebrüder Grimm"

Auftragskarte zu Werkbereich 21: Rechnen im Märchenwald

Hier geht es um Rechengeschichten!
Schreibe zu jeder Geschichte die Frage auf, erstelle eine Rechnung und formuliere eine Antwort.

Auftragskarte zu Werkbereich 22: Märchen - ABC

Suche zu jedem Buchstaben ein „Märchenwort"!
Du kannst in Märchenbüchern und in deinem Märchenwörterbuch nachschauen.

BVK LW 14 · Eva-Maria Schmidt / Diane Klant: Lernwerkstatt „Märchen der Gebrüder Grimm"

Auftragskarte zu Werkbereich 23: Märchenadressen

Erfinde Adressen zu den Märchen „Rotkäppchen", „Dornröschen", „Schneewittchen", „Rumpelstilzchen" **oder** „Die Bremer Stadtmusikanten" und schreibe sie auf.
Eine Adresse besteht aus drei Zeilen:
1. Name
2. Straße
3. Postleitzahl und Stadt

Male zur zweiten und dritten Adresse passende Bilder!

Auftragskarte zu Werkbereich 24: Wer spricht denn hier?

Erkennst du, welche Fragen und Antworten zusammengehören? Nimm dir ein Linienblatt und schreibe, wie im Beispiel unten auf dem Arbeitsblatt! Achte darauf, das Märchen zu benennen.
Gib an, wer spricht und kennzeichne die Sprechsätze mit Anführungszeichen.

BVK LW 14 · Eva-Maria Schmidt / Diane Klant: Lernwerkstatt „Märchen der Gebrüder Grimm"

Auftragskarte zu Werkbereich __:

Auftragskarte zu Werkbereich __:

BVK LW 14 · Eva-Maria Schmidt / Diane Klant: Lernwerkstatt „Märchen der Gebrüder Grimm"

Arbeitsblatt

Werkbereich 1: Märchenwörterbuch basteln

Märchenwörterbuch von

____

aufwachen

die Dornenhecke

der Esel

die Fee

das Fest

der Hahn

die Hochzeit

der Hund, die Hunde

die Katze

der König, die Königin

küssen

der Müller

die Müllerstochter

das Pferd, die Pferde

der Prinz, die Prinzessin

der Räuber, die Räuber

der Schlaf, schlafen

das Schloss

der Spiegel

die Spindel

das Stroh

der Turm

der Wald

der Wolf

der Wunsch

Arbeitsblatt

Werkbereich 2:
Das Märchen „Dornröschen" lesen

Es waren einmal ein König und eine Königin, die sich schon lange nichts sehnlicher wünschten als ein Kind. Eines Tages war die

Königin im Bad, da kroch ein Frosch aus dem Wasser und sprach: „Du wirst bald eine Tochter bekommen." Und so geschah es auch. Die Königin bekam ein wunderschönes Mädchen und der König gab ein Freudenfest. Er lud alle Verwandten und Freunde ein. Er wollte auch die dreizehn weisen Frauen des Landes einladen. Da der König aber nur zwölf goldene Teller hatte, konnte er die dreizehnte nicht einladen. Es wurde ein großes Fest und alle beschenkten das Kind. Auch die weisen Frauen gaben ihm Schönheit, Klugheit, Reichtum und alles, was man sich nur wünschen konnte. Als die elfte gerade ihre Wünsche aussprach, kam die dreizehnte herein. Sie war zornig, dass sie nicht eingeladen worden war. Sie rief laut durch den Saal: „Die Königstochter soll sich in ihrem fünfzehnten Jahr an einer Spindel stechen und tot umfallen." Alle waren starr vor Schrecken, bis die zwölfte Frau hervortrat, die ihren Wunsch ja noch übrig hatte. Sie konnte den bösen Wunsch zwar nicht rückgängig machen, aber sie konnte ihn mildern und so sprach sie: „Es soll kein Tod sein, sondern nur ein hundertjähriger Schlaf, in den die Königstochter fällt."

Der König wollte sein geliebtes Kind natürlich vor diesem Unheil bewahren und befahl, alle Spindeln im ganzen Reich zu verbrennen. Schon bald war im ganzen Königreich keine Spindel mehr zu finden und alle vergaßen den bösen Fluch. Das Mädchen aber wurde genau wie es die weisen Frauen gewünscht hatten: schön, freundlich und klug und jedermann hatte es lieb.

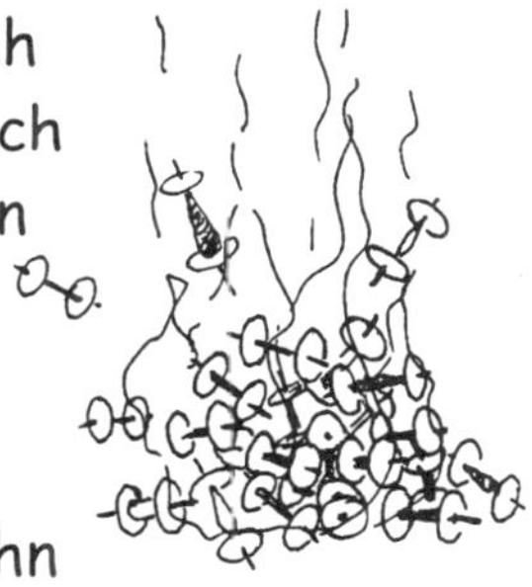

An dem Tag, an dem die Königstochter nun fünfzehn Jahre wurde, waren ihre Eltern nicht zu Hause. So ging sie im Schloss umher und schaute sich überall um. Sie gelangte auch in den Turm und stieg dort die steile Treppe hinauf. Oben kam sie an eine Tür und im Schloss steckte ein verrosteter Schlüssel.

BVK LW 14 · Eva-Maria Schmidt / Diane Klant: Lernwerkstatt „Märchen der Gebrüder Grimm"

Sie drehte ihn um und die Tür sprang auf. In dem kleinen Turmzimmer saß eine alte Frau mit einer Spindel und spann fleißig ihren Flachs. „Guten Tag, altes Mütterlein", grüßte das Königskind und fragte: „Was machst du denn da?" „Ich spinne"; antwortete die alte Frau. „Was ist das für ein lustiges Ding in deiner Hand?" wollte das Mädchen wissen und griff nach der Spindel. Sie hatte die Spindel kaum berührt, da stach sie sich damit in den Finger und der Zauberspruch ging in Erfüllung. Die Königstochter sank auf das Bett und fiel in einen tiefen Schlaf. Dieser Schlaf breitete sich auch auf das ganze Schloss aus: Der König und die Königin, die eben nach Hause gekommen waren, schliefen ein und der Hofstaat mit ihnen. Es schliefen auch die Pferde im Stall, die Hunde im Hof, die Tauben auf dem Dach und die Fliegen an der Wand. Ja, sogar das Feuer im Herd hörte auf zu flackern und schlief ein und der Braten hörte auf zu brutzeln. Der Koch, der dem faulen Küchenjungen gerade eine Ohrfeige geben wollte, hielt mit erhobener Hand inne und schlief auch ein. Rings um das Schloss begann eine Dornenhecke zu wachsen, die jedes Jahr höher und höher wurde. Im Lande verbreitete sich die Sage vom schönen, schlafenden Dornröschen, denn so wurde die Königstochter von nun an genannt. Von Zeit zu Zeit kamen Königssöhne, denen die Geschichte zu Ohren gekommen war. Aber sie konnten durch die dichte Hecke nicht vordringen. Die jungen Männer blieben in den Dornen hängen und mussten elend sterben. Nach vielen, vielen Jahren kam wieder einmal ein Königssohn ins Land und hörte, wie ein alter Mann von der Dornenhecke erzählte: Es solle ein Schloss dahinterstehen, in dem eine wunderschöne Königstochter schliefe. Er wusste auch, dass schon viele Königssöhne versucht hätten durch die Hecke zu dringen und eines traurigen Todes gestorben waren. Da sagte der Jüngling: „Ich fürchte mich nicht. Ich will hinein in das Schloss und das wunderschöne Dornröschen sehen."

BVK LW 14 · Eva-Maria Schmidt / Diane Klant: Lernwerkstatt „Märchen der Gebrüder Grimm"

Nun traf es sich aber, dass gerade hundert Jahre vergangen waren und der Tag gekommen war, an dem Dornröschen wieder erwachen sollte. Als sich der Königssohn nun der Dornenhecke näherte, verwandelten sich die Dornen in viele schöne Blumen. So gelangte er mühelos durch die Hecke und sah im Hof die Hunde liegen und im Stall die Pferde schlafen. In der Küche sah er den Koch, der die Hand noch immer hoch hielt, um den Küchenjungen zu ohrfeigen.
Er ging weiter und sah den König und die Königin schlafen. Endlich kam er zu dem Turm und öffnete die Tür zu der kleinen Stube, in der Dornröschen schlief. Da lag es und war wunderschön, so dass er seine Augen nicht abwenden konnte. Er bückte sich zu ihr und gab ihr einen Kuss. In diesem Augenblick erwachte Dornröschen, schlug die Augen auf und blickte ihn freundlich an. Und mit Dornröschen wachte das ganze Schloss auf: der König und die Königin erwachten, die Pferde im Stall standen auf und schüttelten sich, die Hunde sprangen hoch und bellten, die Tauben auf dem Dach zogen ihre Köpfchen unter den Flügeln hervor und flogen davon, die Fliegen krabbelten weiter an der Wand und das Feuer im Herd flackerte auf. Auch der Braten begann wieder zu brutzeln und der Koch gab dem Küchenjungen eine schallende Ohrfeige.
Bald darauf wurde die Hochzeit des Königssohnes mit Dornröschen gefeiert und sie lebten vergnügt bis an ihr Ende.

Arbeitsblatt

Werkbereich 3: Kennst du Dornröschen?

Dornröschen

Die  ____________________ hat Geburtstag.

Sie steigt in den alten  ______________ .

Dort spinnt die böse  ____________ ihren Flachs.

Dornröschen sticht sich mit der  ________________ in den Finger.

Bald schlafen alle im  _________________, der  _________________

und die  _____________________ und der ganze Hofstaat.

Auch die  __________________ im Stall,

die  ________________________ im Hof und

die Tauben auf dem Dach schlafen. Rings um das 

____________________ wächst eine dichte 

_________________________ . Nach 100 Jahren kommt ein

junger  ___________________ und küsst Dornröschen

und alle anderen im  _____________________ werden wieder wach.

BVK LW 14 · Eva-Maria Schmidt / Diane Klant: Lernwerkstatt „Märchen der Gebrüder Grimm"

Arbeitsblatt

Werkbereich 4: Dornröschen in Bildern

Geschenke, dreizehnte Fee, böser Wunsch

stechen, Zauberspruch

tiefer Schlaf, Feuer erlischt

100 Jahre, Turmzimmer, Hochzeit

Arbeitsblatt

Werkbereich 5: Das Märchen „Der Wolf und die sieben Geißlein" lesen

Es war einmal eine alte Geiß, die hatte sieben junge Geißlein, die sie sehr lieb hatte. Eines Tages wollte sie in den Wald gehen und Futter holen, da rief sie alle sieben herbei und sprach: „Liebe Kinder, ich will hinaus in den Wald. Seid auf der Hut vor dem Wolf. Wenn er herein-kommt, so frisst er euch alle mit Haut und Haaren. Der Bösewicht verstellt sich oft, aber an seiner rauhen Stimme und an seinen schwarzen Füßen werdet ihr ihn gleich erkennen."

Die Geißlein sagten: „Liebe Mutter, wir wollen uns schon in acht nehmen. Du kannst ohne Sorge gehen."
Als sie nicht weit gegangen war, traf Mutter Geiß Eine Bekannte, die rief: „Was für ein schöner Zufall! Wir haben uns ja eine Ewigkeit nicht mehr gesehen. Und es gibt so viel zu erzählen!"
„Leider hab' ich heute gar keine Zeit für einen kleinen Schwatz", sprach Mutter Geiß. „Ich habe meine Kleinen allein zu Hause gelassen und bin doch voller Sorge, solange dieser schreckliche Wolf hier in der Gegend herumstreicht. Lass' uns lieber ein anderes Mal in Ruhe plaudern!".
Keine von den beiden hatte bemerkt, dass sich der Wolf ganz in der Nähe versteckt hatte, wo er sie mühelos belauschen konnte.
Als er hörte, dass die sieben Geißlein allein zu Hause waren, da rieb er sich vor Freude die Hände. Er rannte so schnell er nur konnte zum Haus der Geißenfamilie. Dort hörte er von innen die fröhlichen Stimmen der kleinen Geißlein. Er ging zur Haustür, klopfte an und

rief: „Macht auf, ihr lieben Kinder, eure Mutter ist da und hat jedem von euch etwas mitgebracht!" Aber die Geißlein hörten an der rauhen Stimme, dass es der Wolf war. „Wir machen nicht auf", riefen sie. „Du bist nicht unsere Mutter, die hat eine feine und liebliche Stimme, aber deine Stimme ist rauh, du bist

BVK LW 14 · Eva-Maria Schmidt / Diane Klant: Lernwerkstatt „Märchen der Gebrüder Grimm"

der Wolf."
Da ging der Wolf fort zu einem Krämer und kaufte ein großes Stück Kreide. Die aß er und machte so seine Stimme ganz fein.
Dann kam er zurück, klopfte wieder an die Tür und rief: „Macht auf, ihr lieben Kinder, eure Mutter ist da und hat jedem von euch etwas mitgebracht!"

Aber der Wolf hatte seine schwarze Pfote ins Fenster gelegt. Das sahen die Kinder und riefen: „Wir machen nicht auf. Unsere Mutter hat keinen schwarzen Fuß wie du; du bist der Wolf."
Da lief der Wolf zu einem Bäcker. Der wollte ihn erst verjagen, aber dann bekam er doch Angst, als der Wolf ihn anknurrte. „Ich habe mir den Fuß gestoßen, streich mir Teig darüber!" sagte er und der Bäcker tat, was er verlangte. Dann lief er zum Müller und sprach: „Gib mir weißes Mehl für meine Pfote!" Der Müller fürchtete sich auch und gab dem Wolf das Mehl. Nun ging der Bösewicht zum dritten Mal zur Haustüre, klopfte an und sprach: „Macht mir auf, ihr lieben Kinder, euer liebes Mütterlein ist heimgekommen und hat jedem von euch aus dem Wald etwas mitgebracht." Da riefen die Geißlein: „Zeig' uns erst einmal deine Pfote, damit wir auch wissen, dass du unser liebes Mütterlein bist." Da legte der Wolf die Pfote ins Fenster und die Geißlein sahen, dass sie ganz weiß war. Wie erschraken sie als statt der Mutter der böse Wolf hereinkam.

Schnell wollten sie sich verstecken. Ein Geißlein sprang unter den Tisch, das zweite ins Bett, das dritte in den Ofen, das vierte in die Küche, das fünfte in den Schrank, das sechste unter die Waschschüssel und das siebente in den Kasten der Wanduhr. Aber der Wolf fand sie alle und machte nicht langes Federlesen. Eines nach dem anderen schluckte er. Nur das jüngste Geißlein im Uhrkasten fand er nicht. Als der Wolf alle verspeist hatte, trollte er sich fort, legte sich auf der grünen Wiese unter einen Baum und begann zu schlafen.
Nicht lange darauf kam die Mutter aus dem Wald zurück. Ach, was

musste sie sehen.
Die Haustür stand sperrangelweit auf, Tische, Stühle und Bänke waren umgeworfen, die Waschschüssel lag in Scherben, Decke und Kissen waren aus dem Bett gezogen. Sie suchte ihre Kinder, aber nirgends waren sie zu finden. Endlich hörte sie die feine Stimme ihres jüngsten: „Liebe Mutter, ich stecke im Uhrkasten!"

Sie holte es heraus und es erzählte der Mutter, dass der Wolf die anderen alle gefressen hätte.
In ihrem Jammer ging die Mutter mit ihrem Jüngsten heraus.
Als sie auf die Wiese kam, lag dort der Wolf und schnarchte, dass die Äste zitterten. Auf einmal sah sie, dass sich in seinem Bauch etwas bewegte. Da musste das Geißlein schnell Schere, Nadel und Zwirn holen. Dann schnitt die Mutter dem Ungetüm den Bauch auf und nacheinander sprangen alle sechs Geißlein heraus. Sie waren ohne Schaden, denn der Wolf hatte sie in seiner Gier ganz heruntergeschluckt. Vor Freude sprangen sie auf der Wiese umher, aber die Mutter mahnte zur Eile und ließ sie große Steine suchen. Die steckte sie dem Wolf in den Bauch und nähte ihn in aller Geschwindigkeit wieder zu, dass er nichts merkte und sich nicht einmal regte. Als der Wolf ausgeschlafen hatte, stand er auf und wollte zum Brunnen gehen und trinken. Als er aber anfing sich zu bewegen, da stießen die Steine in seinem Bauch aneinander und rappelten. Da rief er: „Was rumpelt und pumpelt in meinem Bauch? Ich meinte, es wären sechs Geißlein, so sind's lauter Wackersteine." Als er an den Brunnen kam und sich über den Rand beugte, da zogen ihn die schweren Steine in die Tiefe und er musste jämmerlich ersaufen.

Als die sieben Geißlein das sahen, kamen sie herbeigelaufen und riefen: „Der Wolf ist tot! Der Wolf ist tot!" und tanzten mit ihrer Mutter vor Freude um den Brunnen herum.

BVK LW 14 · Eva-Maria Schmidt / Diane Klant: Lernwerkstatt „Märchen der Gebrüder Grimm"

Arbeitsblatt

Werkbereich 6: Malen und beschreiben

Male, wo sich die Geißlein versteckt haben:

Beschreibe dein Bild in kurzen Sätzen:

Das erste Geißlein sprang ______________________________

Das zweite Geißlein versteckte sich ______________________________

Das dritte ______________________________

____

____

____

____

BVK LW 14 · Eva-Maria Schmidt / Diane Klant: Lernwerkstatt „Märchen der Gebrüder Grimm“

Arbeitsblatt

Werkbereich 7: Märchen-Kreuzworträtsel

1. Wie heißt die Königstochter, die sich an einer Spindel stach?
2. Wie viele Jahre schlief Dornröschen?
3. Wer wohnte bei den sieben Zwergen?
4. Wer fraß Kreide, um seine Stimme feiner zu machen?
5. Wer wollte die Großmutter besuchen?

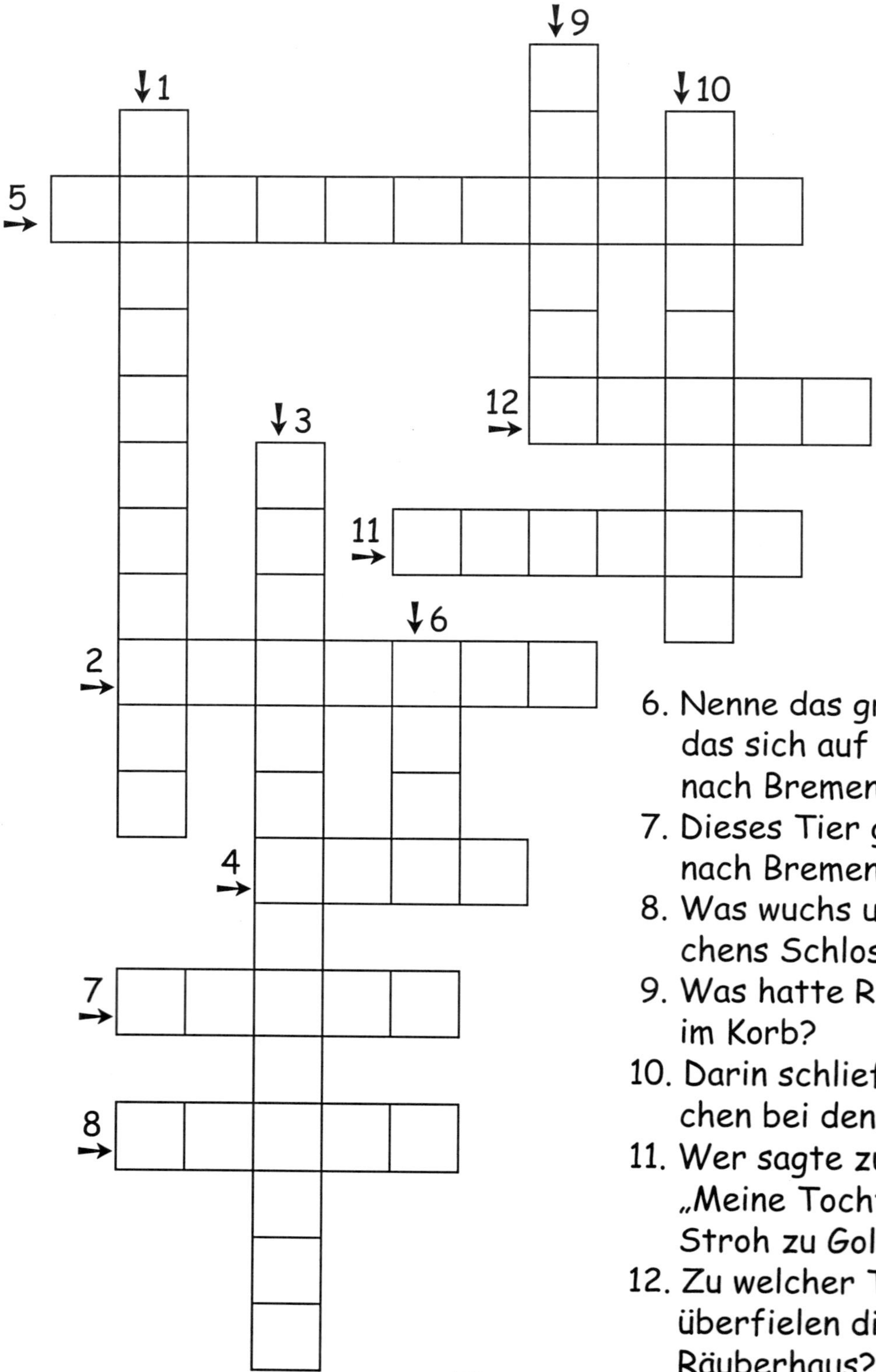

6. Nenne das größte Tier, das sich auf den Weg nach Bremen machte.
7. Dieses Tier ging auch nach Bremen.
8. Was wuchs um Dornröschens Schloss?
9. Was hatte Rotkäppchen im Korb?
10. Darin schlief Schneewittchen bei den Zwergen.
11. Wer sagte zum König „Meine Tochter kann Stroh zu Gold spinnen."?
12. Zu welcher Tageszeit überfielen die Tiere das Räuberhaus?

BVK LW 14 · Eva-Maria Schmidt / Diane Klant: Lernwerkstatt „Märchen der Gebrüder Grimm"

Arbeitsblatt

Werkbereich 8: Im Land der Zwerge

Im Land der Zwerge hinter den sieben Bergen sieht alles ganz klein aus.

Die Zwerge wohnen in einem  und sitzen auf kleinen  .

Sie trinken aus winzigen 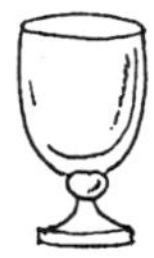 und essen mit  .

Nach der Arbeit sitzen sie gern in ihrem 
auf einem  und ruhen sich aus.

Nachts schlafen sie in ihren 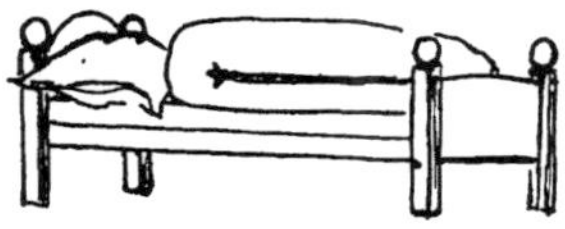

Hilfswörter:
Stuhl, Gabel, Becher, Garten, Haus, Bank, Bett

BVK LW 14 · Eva-Maria Schmidt / Diane Klant: Lernwerkstatt „Märchen der Gebrüder Grimm"

Arbeitsblatt

Werkbereich 9: Einladungskarte schreiben

BVK LW 14 · Eva-Maria Schmidt / Diane Klant: Lernwerkstatt „Märchen der Gebrüder Grimm"

Arbeitsblatt

Werkbereich 10:
Das Märchen „Rotkäppchen" lesen

Es war einmal ein kleines Mädchen, das jedermann liebhatte. Am allerliebsten aber hatte es seine Großmutter, die das Kind sehr verwöhnte. Einmal schenkte sie ihm ein Käppchen aus rotem Samt, und weil es ihm so gut stand und es nichts anderes mehr tragen wollte, wurde es von nun an Rotkäppchen genannt.

Eines Tages sagte die Mutter zu Rotkäppchen:„Hier hast du ein Stück Kuchen und eine Flasche Wein, bring' das zur Großmutter. Sie ist krank und schwach und kann sich damit stärken. Mach dich bald auf und sieh zu, dass du schön auf dem Weg bleibst." „Ich mache schon alles richtig." versprach Rotkäppchen ihr.

Die Großmutter aber wohnte eine halbe Stunde vom Dorf entfernt im Wald. Als nun Rotkäppchen in den Wald kam, begegnete es

dem Wolf. Rotkäppchen wusste nicht, dass er böse war, und hatte keine Angst vor ihm. „Guten Tag, Rotkäppchen." sagte er. „Guten Tag, Wolf.", grüßte Rotkäppchen freundlich zurück. „Wohin so früh, Rotkäppchen?", fragte der Wolf. „Zur Großmutter."

„Und was trägst du da in deinem Korb?" „Kuchen und Wein. Die Großmutter ist krank und soll sich damit stärken." „Rotkäppchen, wo wohnt denn deine Großmutter?" fragte der Wolf.

„Noch ein gutes Stück weiter im Wald, unter den Drei großen Eichen, dort steht ihr Haus."

Der Wolf dachte bei sich, dass Rotkäppchen, ein junges, zartes Ding, ein Leckerbissen sei, der noch besser schmecken würde als die alte Großmutter. Er wollte es listig anfangen und sie beide schnappen. Also ging er ein Weilchen neben Rotkäppchen her und sagte zu ihr: „Sieh einmal die schönen Blumen, die hier überall wachsen. Schau dich doch einmal um! Ich glaube du hörst gar nicht, wie hübsch die Vögel singen! Du gehst nur vor dich hin und bemerkst gar nicht, wie lustig es hier im Wald ist."

BVK LW 14 · Eva-Maria Schmidt / Diane Klant: Lernwerkstatt „Märchen der Gebrüder Grimm"

Rotkäppchen wandte den Kopf und sah, wie die Sonnenstrahlen in den Bäumen tanzten, und auch die wundervollen Blumen, die überall blühten.
Da dachte sie: „Wenn ich der Großmutter einen

schönen Strauß mitbringe, freut sie sich bestimmt noch mehr.
Es ist ja so früh am Tag, das schaffe ich schon noch rechtzeitig." Sie lief vom Weg ab in den Wald hinein und suchte die schönsten Blumen. Und wenn sie eine gepflückt hatte, sah sie eine andere, die kam ihr noch viel schöner vor. Dort lief sie hin und geriet so immer tiefer in den Wald hinein. Der Wolf aber machte sich geradewegs auf zum Haus der Großmutter und klopfte an die Tür. „Wer ist denn da?" wollte die alte Frau wissen. „Rotkäppchen ist hier. Ich bringe dir Kuchen und Wein, mach auf!" sagte der Wolf mit verstellter Stimme.

„Komm' nur herein liebes Kind!" rief die Großmutter. „Ich bin zu schwach und kann nicht aufstehen."
Der Wolf drückte die Klinke und die Tür sprang auf. Schnurstracks ging er auf das Bett der Großmutter zu und schlang sie mit einem Mal hinunter. Dann zog er ihre Kleider an, setzte ihre Haube auf, schloss die Vorhänge und legte sich ins Bett.
Als Rotkäppchen so viele Blumen gepflückt hatte, wie sie tragen

konnte, fiel ihr plötzlich die Großmutter wieder ein. Sie machte sich eilig auf den Weg zu ihr und wunderte sich, dass die Haustür aufstand. Als sie in die Stube trat, kam es ihr darin so seltsam vor, dass sie ganz ängstlich wurde. Irgendetwas stimmte nicht. „Guten Morgen, Großmutter!" rief sie, aber es kam keine Antwort. Darauf zog das Mädchen die Vorhänge zurück und ging zum Bett. Da lag die Großmutter. Sie hatte die Haube tief ins Gesicht gezogen und sah ganz wunderlich aus. Da fragte Rotkäppchen: „Ei Großmutter, was hast du für große Ohren?" „Damit ich dich besser hören kann."

BVK LW 14 · Eva-Maria Schmidt / Diane Klant: Lernwerkstatt „Märchen der Gebrüder Grimm"

„Ei Großmutter, was hast du für große Augen?"
„Damit ich dich besser sehen kann."
„Ei Großmutter, was hast du für große Hände?"
„Damit ich dich besser packen kann!" „Ach Großmutter, was hast du für ein fürchterlich großes Maul?"
„Damit ich dich besser fressen kann!"
Und schon war der Wolf mit einem Satz aus dem Bett gesprungen und verschlang das arme Rotkäppchen. Als er satt war, legte er sich wieder ins Bett und schlief ein. Bald fing er an, ohrenbetäubend laut zu schnarchen.
Das hörte der Jäger, der eben an dem Haus vorbeiging, und wunderte sich.
„Wie laut die alte Frau doch schnarcht! Da muss ich doch einmal nachsehen, was ihr fehlt!"
Er trat in die Stube, ging zum Bett und sah den Wolf darin liegen.
„Hier steckst du also, du alter Bösewicht!" rief er. „Nach dir habe ich schon lange gesucht!"
Schon wollte er das Gewehr anlegen, aber da fiel ihm ein, dass der Wolf vielleicht die Großmutter verschlungen hätte. Womöglich wäre sie noch zu retten! Also nahm er eine Schere und fing an, dem schlafenden Wolf den Bauch aufzuschneiden. Als er ein paar Schnitte getan hatte, leuchtete ein rotes Käppchen hervor, und noch ein paar Schnitte, da sprang das Rotkäppchen heraus und rief: „Ach, was hab' ich mich erschrocken! Es war so dunkel in dem Bauch vom Wolf." Der Jäger machte noch ein paar Schnitte, da sah er die Großmutter. Auch sie war lebendig und er half ihr hinaus.

Rotkäppchen lief unterdessen geschwind und holte ein paar Wackersteine, die sie in den Leib des Wolfes füllten. Als er erwachte und davonlaufen wollte, waren die Steine so schwer, dass er gleich tot zu Boden fiel. Da freuten sich alle sehr. Die Großmutter aß den Kuchen und trank den Wein, den Rotkäppchen mitgebracht hatte und kam wieder zu Kräften.
Und Rotkäppchen dachte: „Nie wieder will ich vom Weg abgehen, wenn es die Mutter nicht erlaubt hat."

BVK LW 14 · Eva-Maria Schmidt / Diane Klant: Lernwerkstatt „Märchen der Gebrüder Grimm"

Arbeitsblatt

Werkbereich 11: Märchen-Silbenrätsel zu Rotkäppchen

Ku - Groß - Rot - Jä - Blu - Au -

chen - ter - chen - men - Hän - gen -

en - ger - mut - käpp - Ohr - de -

1. Wer wollte die Großmutter besuchen?

____

2. Wer befreite die Großmutter und Rotkäppchen aus dem Bauch des Wolfes?

____

3. Was nahm Rotkäppchen außer Wein noch mit zu ihrer Großmutter?

____

4. Was pflückte Rotkäppchen im Wald? ____________________

5. Wen besuchte Rotkäppchen? ____________________

6. Welche drei Körperteile waren beim bösen Wolf viel größer, als bei Rotkäppchens Großmutter?

____

____

Kannst du dir ein anderes Rotkäppchen vorstellen? Wie würde die Geschichte ablaufen, wenn Rotkäppchen viel schlauer wäre als der Wolf?

Oder Rotkäppchens Großmutter ist gar nicht so schwach?

Oder der Wolf ist gar nicht so böse? Vielleicht freunden sich die beiden sogar an?

Rotkäppchen kann vielleicht Karate?

Arbeitsblatt

Werkbereich 13: Das Märchen „Die Bremer Stadtmusikanten" lesen

Ein Mann besaß einmal einen Esel, der für ihn schon viele Jahre fleißig die Säcke zur Mühle getragen hatte. Aber nun gingen seine Kräfte zu Ende und er konnte seine Arbeit nicht mehr richtig tun. Da überlegte der Mann

sich, den Esel aus der Welt zu schaffen, damit er ihn nicht mehr füttern müsste. Doch der Esel merkte, dass sein Herr nichts Gutes im Schilde führte, und lief fort. Er machte sich auf den Weg nach Bremen, denn dort, glaubte er, könne er Stadtmusikant werden.

Nach einer Weile begegnete er einem Jagdhund, der lag auf der Straße und schnappte nach Luft. „Was japst du so, alter Knabe?" fragte der Esel.

„Ach, weil ich ein Greis bin und jeden Tag müder und schwächer werde." meinte der Hund. „Auf die Jagd gehen kann ich auch nicht mehr. Mein Herr wollte mich totschlagen, da bin ich weggelaufen. Aber womit soll ich nun mein Brot verdienen?" „Ich gehe nach Bremen und werde Stadtmusikant." meinte der Esel. „Komm' doch mit und wir machen zusammen Musik. Ich spiele die Laute und du schlägst die Pauke."

Der Hund war einverstanden und so zogen sie zusammen weiter. Kurz

darauf begegneten sie einer Katze, die saß am Wegrand und sah furchtbar traurig aus. „Was guckst du denn so trübe, alter Trauerkloß?" wollte der Esel wissen.

„Wie soll ich lustig sein, wenn's mir bald an den Kragen geht?" antwortete die Katze. „Meine Zähne sind stumpf und ich sitze lieber hinterm Ofen, als den Mäusen nachzujagen. Da wollte mich mein Frauchen ersaufen und ich hab mich aus dem Staub gemacht. Aber jetzt weiß ich nicht, wie es weitergehen soll, und bin sterbensunglücklich."

„Papperlapapp", meinte der Esel. „Komm mit uns nach Bremen. Du verstehst doch was von Nachtmusik, also kannst du auch Stadtmusikant werden wie wir."

Der Katze gefiel die Idee, und sie ging mit den beiden anderen.

Wenig später kamen die drei Ausreißer an einem Hof vorbei. Vor dem Tor saß ein Hahn und krähte aus Leibeskräften.

„Was schreist du so fürchterlich?" wollte der Esel wissen.

„Weil ich gutes Wetter vorhersag'", antwortete der Hahn.

„Morgen ist Sonntag, da kommen Gäste.

BVK LW 14 · Eva-Maria Schmidt / Diane Klant: Lernwerkstatt „Märchen der Gebrüder Grimm"

Aber die Hausfrau hat kein Erbarmen mit mir und sagte der Köchin, dass sie mich morgen in der Suppe haben will. Da soll ich mir heute Abend den Kopf abschneiden lassen.

Also krähe ich so lang und so laut, wie ich kann." „Ach wo, du Schreihals", meinte der Esel. „Etwas Besseres als den Tod findest du allemal. Komm lieber mit uns, wir gehen nach Bremen und werden dort Stadtmusikanten. Du hast eine gute, kräftige Stimme, da werden wir Spaß haben und prächtig zusammen musizieren."
Der Hahn fand den Vorschlag gut und zog mit den anderen. So waren sie schon zu viert. Aber die Stadt Bremen war weit weg und sie konnten sie nicht an einem Tag erreichen. Also wollten sie in dem Wald übernachten, in den sie am Abend kamen. Der Esel und der Hund legten sich unter einen großen Baum, die Katze kletterte in die Äste und der Hahn flog ganz hoch hinauf in die Spitze und hielt dort Wache. Einmal kam es ihm so vor, als sähe er in der Ferne ein Fünkchen brennen. Er rief zu seinen Gesellen hinunter, dass dort wohl ein Haus stehen müsse, in dem ein Licht scheine. Da sagte der Esel: „Lasst uns losziehen und noch hingehen, denn hier schläft es sich schlecht, und zu futtern gibt es auch nichts."
Also machten sie sich auf und suchten das Haus, in dem das Licht brannte. Allmählich wurde das Licht größer und größer und auf einmal standen sie vor einem hell erleuchteten Räuberhaus. Weil der Esel der größte von den vieren war, ging er zum Fenster und schaute hinein. „Was siehst du, Langohr?" fragte der Hahn. „Ach, wären wir nur dort drinnen!" seufzte der Esel. „Ich sehe einen gedeckten Tisch mit reichlich Essen und Trinken und die Räuber sitzen daran und lassen sich's schmecken."

„Das wäre doch auch was für uns." meinte der Hahn. Und alle fanden, er habe Recht. Also überlegten die Tiere, was sie anfangen müssten, um die Räuber hinauszuwerfen. Endlich hatten sie eine Idee. Der Esel stellte sich mit seinen Vorderfüßen auf die Fensterbank, der Hund sprang auf den Rücken des Esels, die Katze kletterte auf den Hund und der Hahn flog hinauf und setzte sich auf den Kopf der Katze. Einer gab ein Zeichen und sie fingen an, ihre Musik zu machen: Der Esel schrie, der Hund bellte, die Katze miaute und der Hahn krähte. Dann stürzten sie durch das Fenster ins Haus hinein, dass die Scheiben klirrten. Die Räuber erschraken furchtbar und machten ein entsetzliches Geschrei. Sie glaubten, ein Gespenst sei hereingekommen, und flohen voller Angst hinaus in den Wald.

Die vier Musikanten aber setzten sich an den Tisch und schlugen sich die Bäuche voll mit all den Leckereien, die die Räuber übriggelassen hatten. Als sie satt waren, löschten sie das Licht und suchten sich jeder einen bequemen Schlafplatz. Der Esel legte sich draußen auf den Misthaufen, der Hund drinnen hinter die Türe, die Katze auf den warmen Ofen und der Hahn flog auf den höchsten Balken des Hauses.

Und weil alle müde waren von ihrer langen Reise, schliefen sie bald ein. Als die Räuber im Wald sahen, dass im Haus kein Licht mehr brannte, meinte der Hauptmann: „Wir hätten uns doch nicht ins Bockshorn jagen lassen sollen", und er schickte einen seiner Leute zum Haus, um nachzusehen, was los sei. Es war alles still, als der Räuber in das Haus trat. Er ging in die Küche, um Licht anzuzünden, und weil er glaubte, die feurig leuchtenden Augen der Katze seien glühende Kohlen, hielt er ein Streichhölzchen daran, um sie anzuzünden.

Aber das fand die Katze gar nicht lustig. Sie sprang ihm mitten ins Gesicht und fauchte und kratzte, so wild sie konnte. Der Räuber erschrak gewaltig und versuchte, davonzulaufen. Doch als er zur Hintertür hinausstürzen wollte, trat er den Hund, der sich dort schlafen gelegt hatte. Der Hund sprang wütend auf und biss ihn ins Bein und als er über den Hof am Misthaufen vorbeirannte, gab ihm der Esel noch einen kräftigen Tritt. Der Hahn, der von all dem Lärm wach geworden war, krähte derweil von seinem Balken herab: „Kikeriki!"

Da nahm der Räuber die Beine in die Hand und lief zu seinen finsteren Gesellen zurück, so schnell er konnte.

Die Räuber waren erschrocken und trauten sich von nun an nicht mehr in das Haus zurück. Den vier Bremer Stadtmusikanten aber gefiel es so gut darin, dass sie einfach dort blieben und nie wieder wegwollten.

BVK LW 14 · Eva-Maria Schmidt / Diane Klant: Lernwerkstatt „Märchen der Gebrüder Grimm"

Arbeitsblatt

Werkbereich 14: Findest du die Märchenwörter?

A	D	Q	R	S	P	M	F	E
L	H	K	Z	D	Ü	X	A	S
N	B	J	R	K	Ö	P	Q	E
S	N	H	A	H	N	Z	W	L
K	A	F	W	D	C	Y	L	I
A	U	D	T	Q	Ä	C	Ä	K
T	I	R	Ä	U	B	E	R	L
Z	P	S	V	D	G	V	L	P
E	W	Z	X	Y	H	U	N	D

Male zu den gefundenen Wörtern Bilder in diesen Rahmen!

BVK LW 14 · Eva-Maria Schmidt / Diane Klant: Lernwerkstatt „Märchen der Gebrüder Grimm"

Arbeitsblatt

Werkbereich 15: Kannst du reimen?

Der Esel, Katze, Hund und Hahn,
die wollten einst nach Bremen fahr'n, nein gehen.
Dies wollten sie gemeinsam tun, denn zu Hause
ließ man sie trotz ihres Alters nicht mal ruh'n
und wollt zum Beispiel den Hahn glatt in den Kochtopf tun.
Der Esel traf den Hund vorm Haus
und riss ihn aus seiner Traurigkeit heraus.
„Komm mit mir nach Bremen, ich werde dich mit_______________."
Sie wollten musizieren dort, an diesem unbekannten ____________.
Doch vorher trafen sie die Katze, die leckte traurig ihre _________.
Zum Mäuse jagen zu langsam geworden, wollte das Frauchen sie nun glatt
_______________________.
Zuletzt da sahen sie den Hahn, der krähte so laut, dass sich der Esel
kaum hätte zu fragen getraut:
„Was schreist du nur so fürchterlich?" „Den Kopf abschneiden wollen sie
mir, darum krähe ich so lang und laut wie ich nur kann."
So wanderten sie zu viert nach Bremen und hatten nichts weiter
_______________________.
Nach langer Zeit kamen sie in einen Wald und entdeckten _________
ein schwaches Licht.
Ein Räuberhaus stand im Dunkeln dort, die Räuber jagten sie mit lautem
Krach ____________.
Die Tiere ließen sich hier nieder und fanden ihre Ruhe ____________.
Zu essen gab es reichlich und gut, die Vier sie hatten frohen _________.
Ein Räuber kam zurück zum Haus, doch die Bremer Stadtmusikanten
jagten ihn ____________.

Diese Wörter helfen dir bei dem Lückentext:

Ort **bald** **wieder** **Tatze**

mitzunehmen **hinaus** **Mut**

fort **ermorden** **nehmen**

Arbeitsblatt

Werkbereich 16: Der Esel ist wütend

die bremer stadtmusikanten

eines tages machen der esel, der hund, die katze und der hahn sich
auf nach bremen.
sie laufen so weit, bis sie nach langer zeit in einen wald kommen.
es ist sehr dunkel in diesem wald.
in der ferne sehen sie auf einmal ein licht.
als die tiere näher kommen, sehen sie ein hell erleuchtetes räuberhaus
voller räuber.
nun stellt sich der hund auf den esel, die katze auf den hund und der
hahn stellt sich auf die katze.
sie machen gemeinsam krach, um die räuber zu vertreiben.
i-a! schreit der esel und der hund bellt laut: wau, wau!
die katze miaut und der hahn schreit: kikeriki!
voller angst laufen die räuber davon.
die tiere machen es sich gemütlich im räuberhaus.
genug zu essen und zu trinken gibt es auch.
einer der räuber kommt noch einmal zurück.
aber der esel, der hund, die katze und der hahn jagen ihn fort.
von nun an leben sie glücklich zusammen in dem räuberhaus.

BVK LW 14 · Eva-Maria Schmidt / Diane Klant: Lernwerkstatt „Märchen der Gebrüder Grimm“

Arbeitsblatt

Werkbereich 17:
Das Märchen „Rumpelstilzchen" lesen

Es war einmal ein Müller, der war sehr arm, aber er hatte eine schöne Tochter. Eines Tages begegnete er dem König, und um ihn zu beeindrucken, sagte er zu ihm: „Ich habe eine Tochter, die kann Stroh in Gold verwandeln."

Das machte den König neugierig und er ließ die Müllerstochter sogleich kommen um sie auf die Probe zu stellen. Also führte er sie in eine Kammer voll Stroh und befahl ihr, es über Nacht in Gold zu verwandeln und wenn sie es nicht könne, so müsse sie sterben. Dann sperrte er die Kammer zu und ließ sie allein.

Dort saß sie und weinte, denn sie wusste für ihr Leben keinen Rat, wie sie das Stroh in Gold verwandeln sollte.

Da trat auf einmal ein kleines Männlein zu ihr in die Kammer und sprach: „Was gibst du mir, wenn ich all dies zu Gold mache?"

Sie nahm ihre Halskette ab und gab sie dem Männlein und es tat, wie es versprochen hatte.

Am anderen Morgen fand der König die ganze Kammer voll Gold. Das freute ihn sehr, aber sein Herz wurde dadurch noch begieriger. Also ließ er die Müllerstochter in eine andere, viel größere Kammer voll Stroh sperren und auch dieses sollte sie über Nacht in Gold verwandeln.

Da weinte sie wieder und abermals kam das Männlein und sprach: „Was gibst du mir, wenn ich all dies zu Gold mache?"

Sie gab ihm den Ring von ihrem Finger und wieder wurde das Stroh zu Gold.

Der König war begeistert, aber noch immer nicht zufrieden. Also ließ er die Müllerstochter in eine Kammer voll Stroh sperren, die noch viel größer war als die beiden anderen. Und versprach zu ihr: „Wenn dir auch das gelingt, sollst du meine Gemahlin werden."

BVK LW 14 · Eva-Maria Schmidt / Diane Klant: Lernwerkstatt „Märchen der Gebrüder Grimm"

Als er fort war, kam wieder das Männlein und sprach: „Was gibst du mir, wenn ich all dies zu Gold mache?" Aber die Müllerstochter hatte nichts mehr, was sie ihm geben konnte.
Da sagte das Männlein: „Gut, ich will es noch einmal tun, aber du musst mir das erste Kind versprechen, das du mit dem König bekommst." Sie versprach es in ihrer Not und wieder machte das Männlein alles Stroh zu Gold.
Als der König das am nächsten Morgen sah, war er so beglückt, dass er die schöne Müllerstochter gleich zur Frau nahm. Sie wurde nun Königin, und nach einem Jahr bekam sie ein Kind.
Das Männlein hatte sie schon beinahe vergessen, da stand es plötzlich in ihrer Kammer und sagte: „Nun gib mir, was du mir versprochen hast." Die Königin erschrak sehr und bot ihm alle Reichtümer an, wenn es ihr nur das Kind ließe. Doch das Männlein wollte nicht, und die Königin weinte bittere Tränen. Da sprach das Männlein: „In drei Tagen komme ich wieder. Wenn du bis dahin meinen Namen weißt, so sollst du dein Kind behalten."
Den ersten und zweiten Tag überlegte die Königin fieberhaft, welchen Namen das Männlein wohl hätte. Aber sie konnte und konnte sich nicht besinnen und wurde ganz traurig. Am dritten Tag kam der König von der Jagd heim und erzählte ihr: „Ich bin vorgestern in einem tiefen dunklen Wald gewesen, da war ein kleines Haus, und vor dem Haus brannte ein Feuer, und um das Feuer sprang ein gar zu lächerliches Männlein immer auf einem Bein herum und schrie:

„Heute back' ich, morgen brau' ich,
übermorgen hol' ich mir der Königin ihr
Kind; ach, wie gut, dass niemand weiß,
dass ich Rumpelstilzchen heiß!"

Da lachte die Königin und klatschte vor Freude in die Hände. Und als das Männlein wiederkam und fragte: „Nun, Frau Königin. Wie heiße ich?" meinte die zu ihm: „Heißt du vielleicht Hinz?" „Nein." „Heißt du denn Kunz?" „Nein." „Oder heißt du etwa Rumpelstilzchen?" „Das hat dir der Teufel gesagt!", schrie das Männlein, lief zornig fort und kam nie mehr wieder.

BVK LW 14 · Eva-Maria Schmidt / Diane Klant: Lernwerkstatt „Märchen der Gebrüder Grimm"

Arbeitsblatt

Werkbereich 18: Kennst du „Rumpelstilzchen"?

1. Der ______________ prahlt mit seiner Tochter.

2. Der ______________ ist goldgierig und verlangt dreimal von der Müllerstochter, dass sie ______________ zu Gold spinnt.

3. Ein kleines, geheimnisvolles ____________________ hilft der unglücklichen ____________________.

4. Als erstes gibt sie ihm ihre ____________________ als Belohnung.

5. Beim zweiten Mal nimmt sie den ____________________ von ihrem Finger und gibt ihn ____________________.

6. Zuletzt verlangt Rumpelstilzchen ihr ____________________ als Belohnung.

7. Die ____________________ heiratet den ______________ und wird eine glückliche ____________________.

8. Durch einen Zufall erfährt sie den ________________ des Männleins und darf ihr ________________ behalten.

9. Rumpelstilzchen rennt weg und schreit: „Das hat dir der Teufel gesagt!"

BVK LW 14 · Eva-Maria Schmidt / Diane Klant: Lernwerkstatt „Märchen der Gebrüder Grimm"

Arbeitsblatt

Werkbereich 19: Schleichdiktat

Es war einmal

Dornröschen stach sich mit einer Spindel in den Finger und schlief hundert Jahre. Die sieben Geißlein versteckten sich schnell vor dem Wolf. Schneewittchen lief über die sieben Berge zu den sieben Zwergen. Rotkäppchen wollte der Großmutter Kuchen und Wein bringen. Esel, Hund, Katze und Hahn wohnten in einem Räuberhaus.

Arbeitsblatt

Werkbereich 21: Rechnen im Märchenwald

1. Jeder der sieben Zwerge hat ein Messerchen, ein Gäbelchen, ein Löffelchen für die Suppe und ein Löffelchen für den Nachtisch. Wie viele Besteckteile legt Schneewittchen auf den Tisch, wenn es für sich selbst auch mitdeckt?

2. Dornröschen fiel in einen hundertjährigen Schlaf. Der erste Königssohn kam nach 16 Jahren, konnte Dornröschen aber nicht erretten. Ein anderer kam 15 Jahre später, ein weiterer 11 Jahre danach. Dann traute sich erst 30 Jahre später wieder einer in die Nähe des Schlosses, aber auch er hatte kein Glück. Wie lange dauerte es noch, bis der Königssohn kam, der Dornröschen aufwecken konnte?

3. Zur Hochzeit schenkte jede der zwölf guten Feen im Lande Dornröschen 7 Wünsche, die in Erfüllung gehen sollten. Die böse 13. Fee verhexte 77 Wünsche. Wie viel Wünsche von Dornröschen gehen noch in Erfüllung?

4. Die Bremer Stadtmusikanten kaufen Wegproviant. Sie kaufen: 3 Brote zu je € 2, 5 Dosen Fleisch zu je € 3 und 1 Sack Hafer für € 5. Wie viel müssen sie bezahlen?

5. Als die Geißenmutter ihre sechs Jungen aus dem Bauch des Wolfes befreit hatte, ließ sie alle sieben Geißlein Steine suchen. Jedes Geißlein brachte zwei Steine. Jeder Stein wog 2 Pfund. Die Mutter legte noch einen Stein von 5 Pfund hinzu. Wie schwer waren alle Steine zusammen?

BVK LW 14 · Eva-Maria Schmidt / Diane Klant: Lernwerkstatt „Märchen der Gebrüder Grimm"

Arbeitsblatt

Werkbereich 22: Märchen - ABC

A ____________________

B ____________________

C ____________________

Dornröschen

E ____________________

F ____________________

G ____________________

H ____________________

I ____________________

J ____________________

Königstochter

L ____________________

M ____________________

N ____________________

O ____________________

P ____________________

Q ____________________

R ____________________

S ____________________

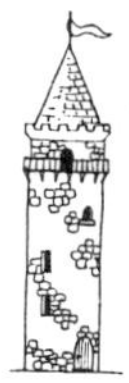

T ____________________

U ____________________

V ____________________

W ____________________

X ____________________

Y ____________________

Zauberspruch

BVK LW 14 · Eva-Maria Schmidt / Diane Klant: Lernwerkstatt „Märchen der Gebrüder Grimm"

Arbeitsblatt

Werkbereich 23: Märchenadressen

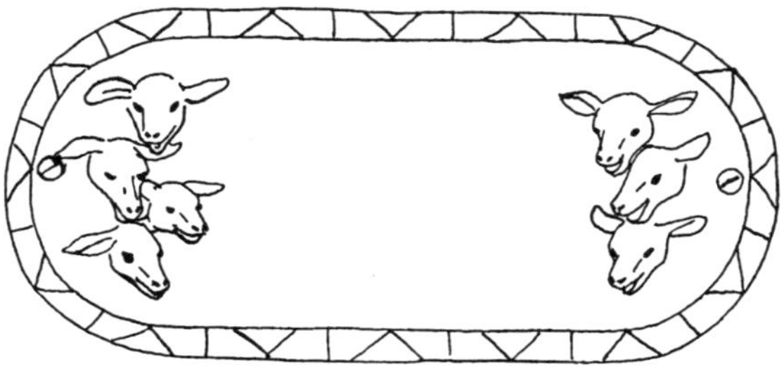

Familie sieben Geißlein

Im Uhrenkasten 1

38937 Wolfshausen

BVK LW 14 · Eva-Maria Schmidt / Diane Klant: Lernwerkstatt „Märchen der Gebrüder Grimm"

Arbeitsblatt

Werkbereich 24: Wer spricht denn hier?

Spieglein, Spieglein an der Wand.
Wer ist die Schönste im ganzen Land?

Ich spinne!

Damit ich dich besser hören kann.

Ich verspreche dir mein erstes Kind.

Was rumpelt und pumpelt da in meinem Bauch herum?

Frau Königin, ihr seid die Schönste im Land.

Guten Tag altes Mütterchen. Was machst du da?

Ich meinte, es wären sechs Geißlein, so sind's lauter Wackersteine.

Großmutter, was hast du für große Ohren?

Was gibst du mir, wenn ich all dies zu Gold mache?

<u>**Beispiel:**</u> **Märchen Dornröschen:**

Dornröschen fragt: „Guten Tag altes Mütterchen. Was machst du da?"

Die alte Fee antwortet: „Ich spinne!"

Musikalische Anregungen

Zum Märchen „Dornröschen" kann im Klassenverband ein Tanzspiel eingeübt werden.

Tanzspiel: Dornröschen war ein schönes Kind

Aufstellung: Innen- und Außenkreis, in der Mitte Dornröschen, außerhalb: die böse Fee, die gute Fee, der Königssohn.

Kinder im Kreis singen und gehen:

1. Dornröschen war ein schönes Kind, schönes Kind, schönes Kind, Dornröschen war ein schönes Kind, schönes Kind.

Die Kreise bleiben stehen und mahnen mit dem Finger:

2. Dornröschen nimm dich ja in acht ...

Die Kreise öffnen sich. Die böse Fee tritt zu Dornröschen.

3. Da kam die böse Fee herein ...

Die böse Fee singt alleine, die Kinder in den Kreisen hocken sich hin. Dornröschen und die Kinder schlafen ein. Die böse Fee tritt wieder nach außen.

4. Dornröschen, du musst sterben ...

Die gute Fee tritt zu den Schlafenden.

5. Dornröschen, schlafe hundert Jahr...

Die gute Fee tritt nach außen. Die Kinder im Außenkreis erheben sich und heben die Arme langsam hoch.

6. Da wuchs die Hecke riesengroß ...

Die Hecke öffnet sich , der Königssohn stellt sich in die Mitte zu den Schlafenden.

7. Da kam ein junger Königssohn ...

Der Königssohn singt alleine, nimmt Dornröschen bei der Hand, alle wachen langsam auf, die Kinder im Außenkreis lassen langsam ihre Arme sinken.

8. Dornröschen, wache wieder auf ...

Dornröschen und der Königssohn schreiten im Kreis umher, alle Kinder klatschen.

9. Da feierten sie das Hochzeitsfest ...

Alle Kinder fassen sich zu zweit an den Händen und tanzen.

10. Da jubelte das ganze Volk ...

BVK LW 14 · Eva-Maria Schmidt / Diane Klant: Lernwerkstatt „Märchen der Gebrüder Grimm"

Musikalische Anregungen

zum Märchen „Die Bremer Stadtmusikanten".

2. Wir sind die wohlbekannten, lustigen Bremer Stadtmusikanten!
(Esel) Muss mich plagen, Säcke tragen und darf niemals müßig sein,
doch in Bremen soll das Leben lustig sein! I - a, wau - wau, kikriki!

3. ...
(Hund) Muss stets bellen, Räuber stellen, und darf niemals schläfrig sein ...

4. ...
(Katze) Muss mich plagen, 's Mäuslein jagen, und wär' es auch noch so klein ...

5. ...
(Hahn) Muss mich schinden und verkünden schon den ersten Sonnenschein ...

Begleitform

90-3017
„Die Bremer Stadtmusikanten" - Text und Melodie: Hans Poser
Von der Fidula-CD 4408 „Märchenlieder und Songs für Kinder" - Fidula-Verlag Boppard / Rhein und Salzburg

BVK LW 14 · Eva-Maria Schmidt / Diane Klant: Lernwerkstatt „Märchen der Gebrüder Grimm"

Musikalische Anregungen
zum Märchen „Rumpelstilzchen".

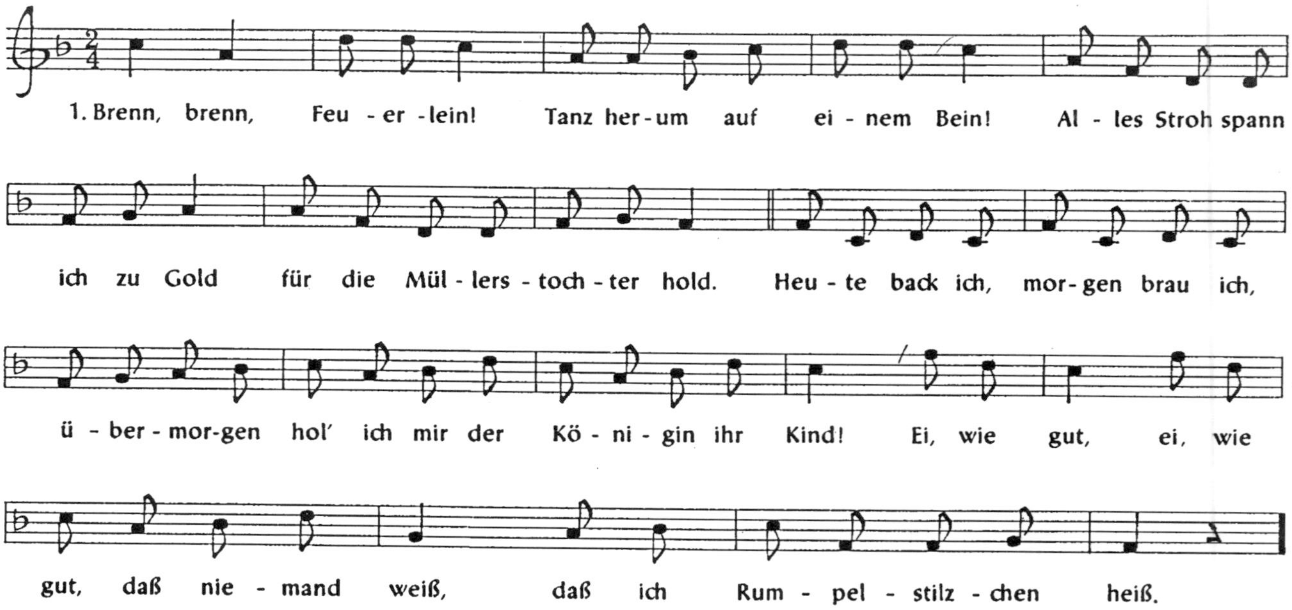

2. Wird sie Königin, komm ich bald zum Schlosse hin.
Hol' mir meinen guten Lohn:
einen kleinen Königssohn.
Heute back ich ...

3. Sagt sie den Namen mir, lasse ich das Kindlein ihr,
doch mit mir wär' es dann aus,
reiß mir Bein und Bart heraus!

Begleitformen: Glockenspiel /Xylophon

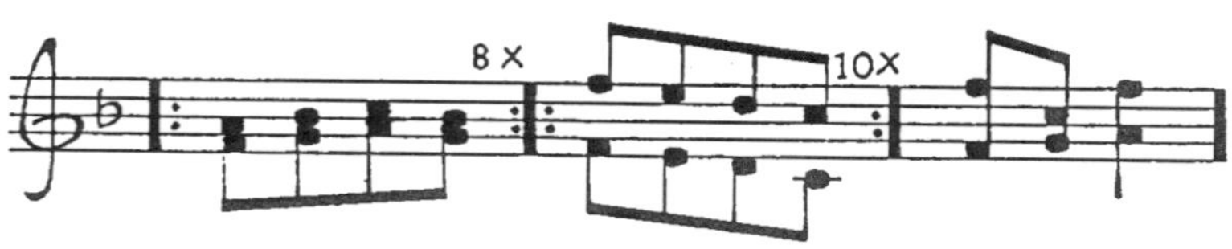

548-3087
„Rumpelstilzchens Tanzlied" (Brenn, brenn) - Text und Melodie: Hans Poser
Von der Fidula-CD 4408 „Märchenlieder und Songs für Kinder" - Fidula-Verlag Boppard / Rhein und Salzburg

Musikalische Anregungen

zum Märchen „Der Wolf und die sieben Geißlein".

2. Kam der Wolf geschlichen,
meck, meck, meck, meck, meck -
„Macht mir auf ihr Kinderlein!
ich bin euer Mütterlein!"
„Das ist Mutters Stimme nicht!
Wolf du bist ein schlimmer Wicht!
Geh weg, geh weg, geh weg!"

3. Lief der Wolf zum Krämer,
meck, meck, meck, meck, meck -
kaufte ein Stück Kreide ein,
macht die Stimme hübsch und fein
und läuft in den Wald zurück.
„Geißlein fress ich sieben Stück!"
O Schreck, o Schreck, o Schreck!

4. Klopft der Wolf ans Fenster,
meck, meck, meck, meck, meck -
„Kinderlein, rasch aufgemacht!
Hab was Feines mitgebracht!"
„Das ist Mutters Pfote nicht!
Wolf, du bist ein schlimmer Wicht!
Geh weg, geh weg, geh weg!"

5. Lief der Wolf zum Bäcker,
meck, meck, meck, meck, meck, -
streicht sich weißen Kuchenteig
auf den braunen Fuß sogleich
und läuft in den Wald zurück.
„Geißlein, fress ich sieben Stück!"
O Schreck, o Schreck, o Schreck!

6. Sieben kleine Geißlein,
meck, meck, meck, meck, meck -
machten arglos auf das Tor.
Huh! Da stand der Wolf davor!
Alle fraß der Bösewicht,
nur das Kleinste fand er nicht,
war weg, war weg, war weg.

7. Kam die Geißenmutter,
meck, meck, meck, meck, meck -
ach, wie war der Schreck so groß!
„Wo sind meine Kinder bloß?"
Eines ist nun übrig nur,
denn es hat sich in der Uhr
versteckt, versteckt, versteckt.

8. Wolf, der schlief am Brunnen
meck, meck, meck, meck, meck, -
kam die Mutter Geiß herbei
mit der Schere eins, zwei, drei,
schnitt ihm auf den dicken Wanst,
Geißlein kamen rausgetanzt
mit meck, meck, meck, meck, meck.

9. Große Wackersteine
meck, meck, meck, meck, meck -
kriegt der Wolf in seinen Bauch,
darum ward er durstig auch,
bückte sich zum Wasser hin,
rummdibumms, da fiel er rin,
war weg, war weg, war weg.

655-3019
„Lied von den sieben Geißlein" - Text und Melodie: Hans Poser
Von der Fidula-CD 4408 „Märchenlieder und Songs für Kinder" - Fidula-Verlag Boppard / Rhein und Salzburg

BVK LW 14 · Eva-Maria Schmidt / Diane Klant: Lernwerkstatt „Märchen der Gebrüder Grimm"

Lösungen zu den Werkbereichen

Zu Werkbereich 6:
Das erste Geißlein sprang unter den Tisch.
Das zweite Geißlein versteckte sich im Bett.
Das dritte versteckte sich im Ofen.
Das vierte sprang in die Küche.
Das fünfte sprang in den Schrank.
Das sechste sprang unter die Waschschüssel.
Das siebente sprang in den Kasten der Wanduhr.

Zu Werkbereich 14:
Esel, Hahn, Katze, Räuber, Hund

Zu Werkbereich 21:
1. Rechnung: 7 Zwerge + Schneewittchen = 8 / 8 · 4 = 32
   Antwort: Schneewittchen legt 32 Besteckteile auf den Tisch.

2. Rechnung: 16 + 15 + 11 + 30 = 72 / 100 - 72 = 28
   Antwort: Es dauerte noch 28 Jahre, bis der Königssohn Dornröschen aufweckte.

3. Rechnung: 12 ·7 = 84
   Du kannst auch rechnen: 10 · 7 = 70 / 2 · 7 = 14 / 70 + 14 = 84 / 84 - 77 = 7
   Antwort: Es gehen noch 7 Wünsche von Dornröschen in Erfüllung.

4. Rechnung: 3 · 2 = 6 / 5 · 3 = 15 / 6 + 15 + 5 = 26
   Antwort: Sie müssen € 26 bezahlen.

5. Rechnung: 7 · 2 = 14 / 14 · 2 = 28 / 28 + 5 = 33
   Antwort: Alle Steine zusammen wogen 33 Pfund.

Zu Werkbereich 22:
Apfel, Aschenputtel / Bremen, Bremer Stadtmusikanten, Bäcker, Brunnen / **C** / Dornröschen, Diener / Esel / Froschkönig, Fee / Geißlein, Großmutter, Gold, Graf / Hahn, Hexe, Hund / **I** / Jäger, Junge / König, -in, Königstochter, Katze, Kammer, Korb / Löffelchen / Müller, Mutter, Mädchen / Nacht / Ohnmacht / Prinz, Prinzessin / quaken / Rumpelstilzchen, Rotkäppchen, Räuber / Schneewittchen, Spiegel, Schloss, Spindel, Stroh / Teufel, Tochter / Uhr, Uhrenkasten / Vater, Vogel / Wolf, Wald / **X** / **Y** / Zwerg, Zauberer

BVK LW 14 · Eva-Maria Schmidt / Diane Klant: Lernwerkstatt „Märchen der Gebrüder Grimm"